Impressum
Verlag: BABADADA GmbH, Nedderfeld 112 , 22529 Hamburg
Geschäftsführer / Verlagsleitung: Harald Hof
Druck: Books on Demand GmbH, In de Tarpen 42, 22848 Norderstedt

Imprint
Publisher: BABADADA GmbH, Nedderfeld 112 , 22529 Hamburg, Germany
Managing Director / Publishing direction: Harald Hof
Print: Books on Demand GmbH, In de Tarpen 42, 22848 Norderstedt

ښوونځی

colegio

aula
تقسیم
dividir
186/2
بورډ
pizarrón
د ښوونځي حویلی
patio de escuela
ښوونکی
maestro
ورق
papel
لیکل
escribir
قلم
birome
ډیسک
escritorio
خط کش
regla
کتاب
libro
زده کوونکی
alumno

کڅوړه
mochila

د پنسل بکسه
caja de lápices

پنسل
lápiz

پنسل تراش
sacapuntas

ربړ
goma (de borrar)

د رسامۍ پاڼه
bloc de dibujo

رسامي

dibujo

د نقاشۍ برس

pincel

د نقاشۍ بکس

caja de pinturas

قيچي

tijera

سريښ

pegamento

د تمرين کتاب

cuaderno de ejercicios

کورنۍ دنده

tarea

12

شمير

número

2+2

جمع

sumar

5-2

منفي

restar

2×2

ضرب

multiplicar

حساب

calcular

A

توری

letra

ABCDEFG
HIJKLMN
OPQRSTU
VWXYZ

الفبا

abecedario

hello

کلمه

palabra

متن

texto

لوستل

leer

تباشير

tiza

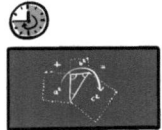

درس

lección

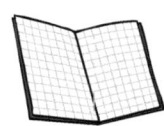

راجستر

cuaderno de clase

ازموينه

examen

تصديق پاڼه

certificado

د ښوونځي يونيفارم

uniforme escolar

تعليم

educación

دايره المعارف

enciclopedia

پوهنتون

universidad

مايكروسكوپ

microscopio

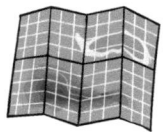

نقشه

mapa

اشغالدانى

tacho (de basura)

هوټل
hotel
ليليه
hostel
د اسعارو د تبادلې دفتر
casa de cambio
بکس
valija
موټر
auto

ژبه

idioma

هو/نه

sí / no

سمه ده

Está bien

سلام

hola

ژباړونکی

traductor

مننه

Gracias

څومره دي...؟

¿cuánto cuesta…?

زه نه پوهیږم

No entiendo

ستونزه

problema

ماښام مو پخیر!

¡Buenas tardes!

سهار په خیر!

¡Buenos días!

شپه په خیر!

¡Buenas noches!

په مخه مو ښه

adiós

لاربښود

dirección

سامان

equipaje

بیګ

bolso

شاتنی بکس

mochila

میلمه

invitado

خونه

habitación

د خوب کڅوړه

bolsa de dormir

خیمه

carpa

د توریزم معلومات

información turística

ساحل

playa

کریډیټ کارت

tarjeta de crédito

ناری

desayuno

د غرمي خواړه

almuerzo

د شپي خواړه

cena

ټيکټ

pasaje

لفټ

ascensor

مهر

sello

پوله

frontera

گمرک

aduana

سفارت

embajada

ویزه

visa

پاسپورټ

pasaporte

transporte

الوتکه
avión
barco
د اور ماشین
autobomba
بس
colectivo
ټرک
camión
موټرکښتی
lancha a motor
بایک
bicicleta
موټر
auto

کښتی

ferry

کښتی

bote

موټرسایکل

moto

د پولیسو موټر

patrullero

د ریس موټر

auto de carreras

کرایی موټر

auto de alquiler

د کرايه موټري

alquiler de autos

جرثقيل لرونکى ټرک

grúa

ريفيوز ټرک

camión de basura

موټر

motor

سونګ توکي

nafta

پټرول سټيشن

estación de servicio

ترافيکي نښه

señal de tránsito

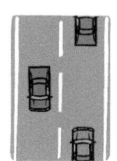

ترافيک

tránsito

جام ترافيک

embotellamiento

د موټرو تمځاى

estacionamiento

د ريل سټيشن

estación de tren

پاټکي

vías

ريل

tren

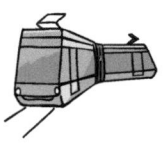

ټرام

tranvía

واګون

vagón

چورلکه

....

helicóptero

هوايي ډګر

....

aeropuerto

برج

....

torre

مسافر

....

pasajero

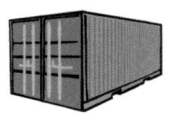

کانټېنر

....

contenedor

کارتون

....

caja de cartón

کارټ

....

carretilla

ټوکرۍ

....

canasta

الوتنه کول/کښېناستل

....

despegar / aterrizar

ښار

ciudad

کلی

....

pueblo

د ښار مرکز

....

centro de ciudad

کور

....

casa

سینما
cine
اعلان
publicidad
CINEMA
د کوڅې لامپ
farol
کوڅه
calle
taxi
د خوارو پلورنځی
kiosco
پياده
peatón
پلي لاره
vereda
د سرک څخه تیریدو لاره
paso peatonal
اشغالدانی (لوی)
contenedor de basura
د تیریدو لاره
cruce
د ترافیک څراغونه
semáforo

کوډله
cabaña

اپارتمان
departamento

د ریل سټیشن
estación de tren

ټاون هال
municipalidad

میوزیم
museo

ښوونځی
colegio

پوهنتون

universidad

بانک

banco

روغتون

hospital

هوټل

hotel

درملتون

farmacia

دفتر

oficina

کتاب پلورنځی

librería

پلورنځی

negocio

د ګلانو پلورنځی

florería

لوی پلورنځی

supermercado

مارکېټ

mercado

د ډیپارټمنټ سټور

grandes tiendas

کب پلورنځی

pescadería

د پلور مرکز

centro comercial

لنګرتون

puerto

پارک

parque

بینچ

banco

پل

puente

زینه

escaleras

د ځمکې لاندې

subte

تونل

túnel

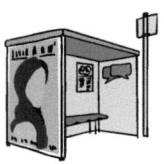

بس تمځای

parada del colectivo

بار

bar

ریسټورانټ

restaurante

پوست بکس

buzón

د کوڅې نښه

letrero

د پارک کولو میټر

parquímetro

ژوبڼ

zoológico

د لامبو حوض

pileta

مسجد

mezquita

کروونده

granja

ناپاکي

contaminación

هدیره

cementerio

چرچ

iglesia

د لوبو ډګر

juegos infantiles

معبد/کلیسا

templo

منظره

paisaje

پاڼه
hoja
د لارښووني نښه
poste indicador
لاره
camino
چمن
pradera
کاڼی
piedra
ونه
árbol
هیکر
excursionista
سیند
río
واښه
hierba
ګل
flor

دره
....
valle

غونډۍ
....
montaña

ناور
....
lago

ځنګل
....
bosque

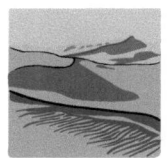

دشته
....
desierto

اورشيندى
....
volcán

کلا
....
castillo

رنګين کمان
....
arco iris

مرخيړي
....
champiñón

پلم ونه
....
palmera

ماشي
....
mosquito

الوتل
....
mosca

ميږى
....
hormiga

مچى
....
abeja

غوندل/جولا
....
araña

ګونګټ

escarabajo

چونګښه

rana

نولی

ardilla

زیږکی

erizo

سوی

liebre

ګونګ

lechuza

مرغۍ

pájaro

قازه

cisne

نرخوګ

jabalí

هوسۍ

ciervo

ګاوزه

alce

بند

presa

بادي توربین

aerogenerador

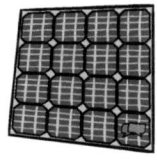

سولر تختي

panel solar

اقلیم

clima

restaurante

پیشخدمت
mozo
مینو
menú
چوکی
silla
سوپ
sopa
پیزا
pizza
mantel
ښاخی، چاقو، کاشوغه
cubiertos

سټارټر

entrada

اصلي خواړه

plato principal

شیرني

postre

څښاک

bebidas

خواړه

comida

بوتل

botella

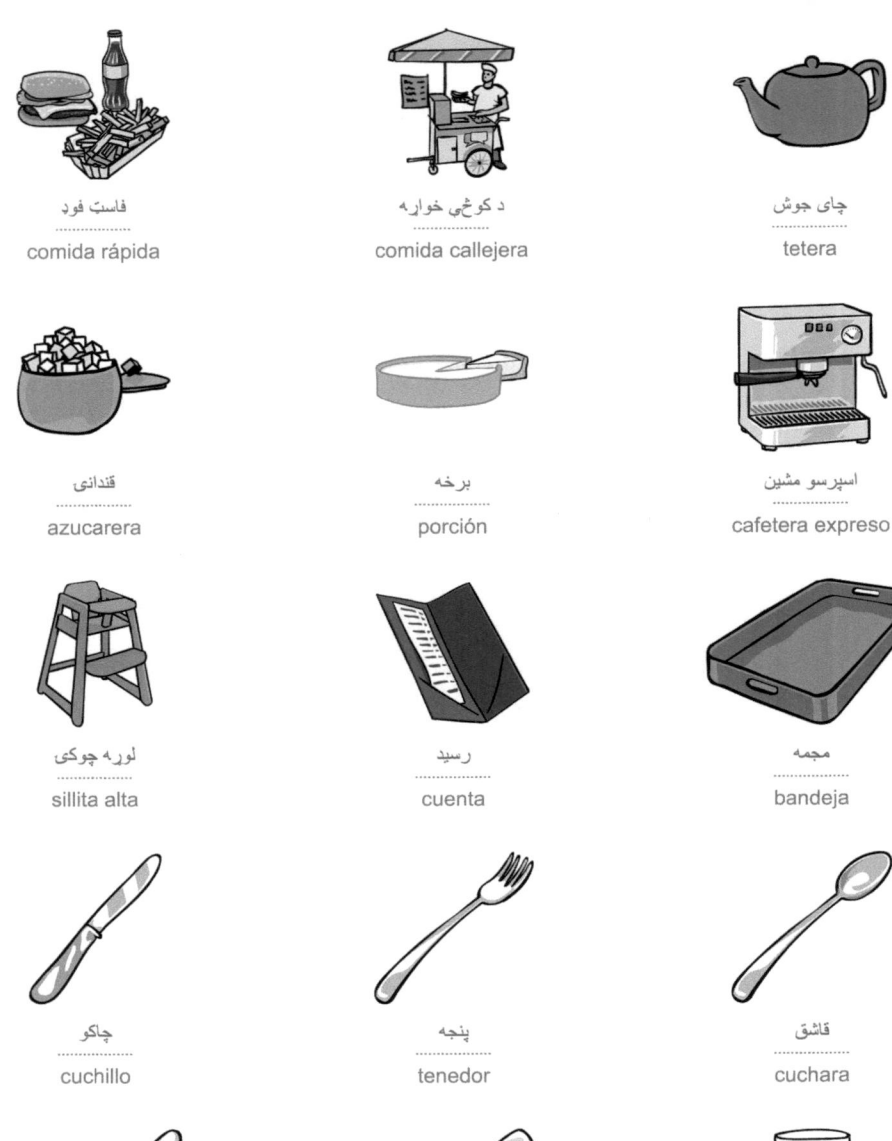

فاسټ فوډ

comida rápida

د کوڅې خواړه

comida callejera

چای جوش

tetera

قندانی

azucarera

برخه

porción

اسپرسو مشین

cafetera expreso

لوړه چوکی

sillita alta

رسید

cuenta

مجمه

bandeja

چاکو

cuchillo

پنجه

tenedor

قاشق

cuchara

چای قاشق

cucharita

سورویټ

servilleta

ګلاس

vaso

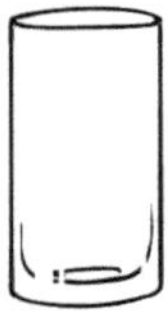

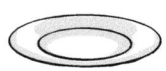

پلیټ
plato

د سوپ پلیټ
plato hondo

نالبکی
plato

ساس
salsa

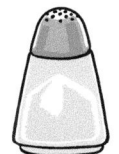

مالګه شیندونکی
salero

د مرچ ټکولو لوخی
molinillo de pimienta

سرکه
vinagre

غوړي
aceite

مساله
especias

کچ اپ
kétchup

شرشم
mostaza

چکه
mayonesa

لوی پلورنځی

supermercado

oferta especial
FOR
پیرودونکی
cliente
لبنیات
lácteos
میوه
fruta
changuito

قصابي

....

carnicería

نانوایی

....

panadería

وزن کول

....

pesar

سبزیجات

....

verduras

غوښه

....

carne

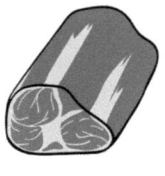

کنګل خواړه

....

alimentos congelados

يخه غوښه

....

fiambres

کنسروا خواړه

....

alimentos enlatados

د مينځلو پوډر

....

detergente en polvo

شيريني

....

golosinas

کورني توليدات

....

electrodomésticos

د پاکولو محصولات

....

productos de limpieza

د پلور فرد

....

vendedora

د نغدي راجستر

....

caja

صراف

....

cajero

د پيرود ليست

....

lista de compras

کاري ساعتونه

....

horario de atención

بټوه

....

billetera

کريډيټ کارټ

....

tarjeta de crédito

کڅوړه

....

cartera

پلاستيک کڅوړه

....

bolsa de plástico

څښاک
bebidas

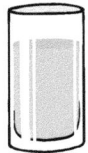

اوبه

agua

جوس

jugo

شیده

leche

کوک

bebida cola

واین

vino

بیر

cerveza

الکول

alcohol

ککاو

cacao

چای

té

کافي

café

اسپرسو

café expreso

کپچینو

cappuccino

کیله

banana

مڼه

manzana

نارنج

naranja

هندوانه

melón

لیمو

limón

گازره

zanahoria

هوږه

ajo

بانکس

bambú

پیاز

cebolla

مرخیړي

champiñón

چغزی

nueces

آش

fideos

سپیګټي
tallarines

وريجې
arroz

سلاد
ensalada

چپس
papas fritas

سره کړي کچالو
papas fritas

پیزا
pizza

همبرګر
hamburguesa

سانډویچ
sándwich

کتره
churrasco

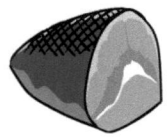

د پتون غوښه
jamón

سلمي
salame

ساسچ
salchicha

چرګ
pollo

روسټ
asado

کب
pescado

د وربشي شیرني

copos de avena

موسلي

muesli

د جوار پلی

copos de maíz

اوړه

harina

کروسانت

medialuna

د ډوډۍ رول

pancito

ډوډۍ

pan

ټوسټ

tostada

بسکیټ

galletitas

کوچ

manteca

چکه

cuajada

کیک

torta

هګۍ

huevo

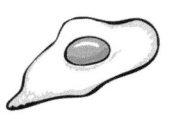

پښی هګۍ

huevo frito

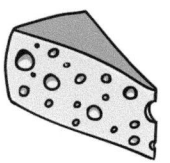

پنیر

queso

آیس کریم

helado

بوره

azúcar

شهد

miel

مربا

mermelada

نوګاټ کریم

pasta de chocolate

کورکمان

curry

کرونده
granja

granja
غوجل
granero
د بوسو گیډی
fardo de paja
campo
اس
caballo
remolque
کوچنی اس
potrillo
ټریکټر
tractor
خر
burro
پسه
oveja
وری
cordero

وزه

cabra

غوا

vaca

خوسکی

ternero

خوګ

cerdo

د خوګ بچی

lechón

غویی

toro

بته

ganso

هیلی

pato

چرگـوړی

pollo

چرگـه

gallina

بانگـي

gallo

سارای موږک

rata

پیشک

gato

موږک

ratón

غويی

buey

سپی

perro

د سپي خونه

cucha

د باغ هوز

manguera

د اوبو لوخی

regadera

لور (داس)

guadaña

یوی

arado

لور

....

hoz

رمبی

....

azada

بڼاخی

....

horquilla

تبر

....

hacha

کراچی

....

carretilla

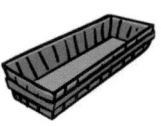

ناوه

....

abrevadero

د شیدو لوخی

....

lechera

جوال

....

bolsa

کټاره

....

reja

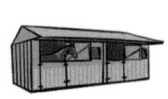

مضبوط

....

establo

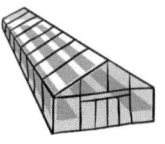

شنه خونه

....

invernadero

خاوره

....

suelo

تخم

....

semilla

سره/کود

....

fertilizador

گډ ریبونکی ماشین

....

cosechadora

زیرمه کول

cosechar

درمند

cosecha

خواږه کچالو

batatas

غنم

trigo

سویا

soja

کچالو

papa

جوار

maíz

نباتي تخم

semilla de colza

د میوې ونه

árbol frutal

مانیوک

mandioca

غله

cereales

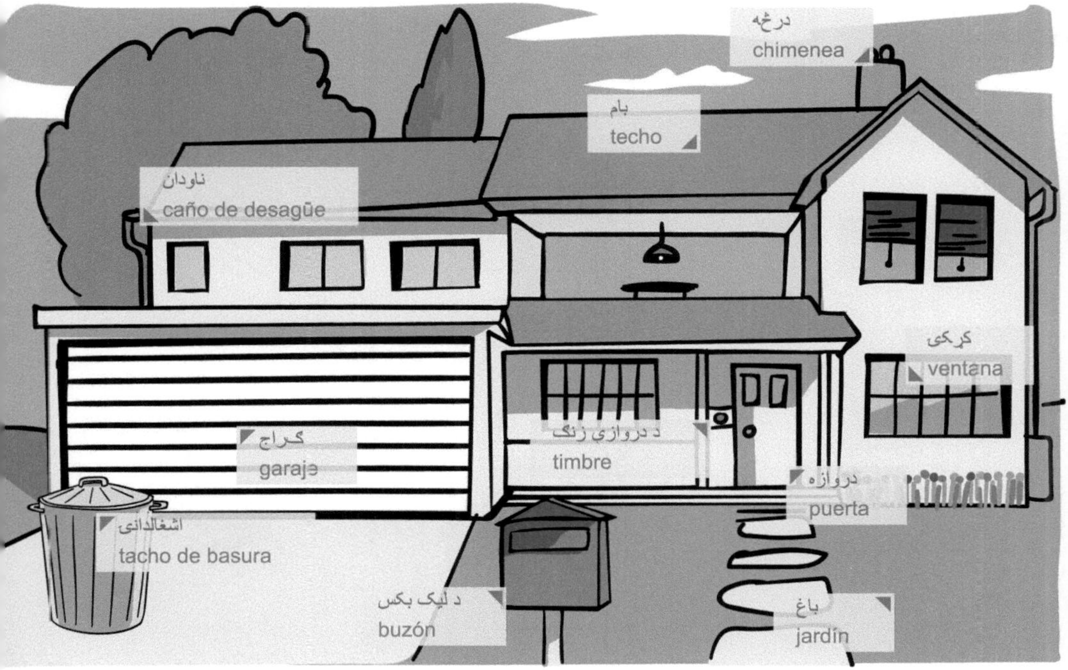

درغه
chimenea

بام
techo

ناودان
caño de desagüe

کرکی
ventana

کراج
garaje

د دروازی زنگ
timbre

دروازه
puerta

اشغالدانی
tacho de basura

د لیک بکس
buzón

باغ
jardín

د اوسیدو خونه

living

حمام

baño

پخلنځی

cocina

د ویده کیدو خونه

dormitorio

د ماشوم خونه

cuarto de los chicos

د خوارو خونه

comedor

فرش

piso

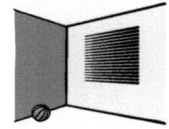

ديوال

pared

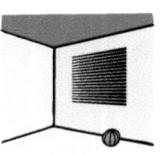

چت

cielorraso

زيرخانه

sótano

سونا

sauna

بالكوني

balcón

ټراس

terraza

حوض

pileta

د چمن وهلو ماشين

cortadora de pasto

شيټ

sábana

روجايى

acolchado

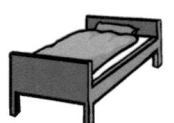

تخت

cama

جارو

escoba

بوكه

balde

سويچ

interruptor

د اوسیدو خونه

living

والپیپر
empapelado
عکس
imagen
لامپ
lámpara
شیلف
estante
الماری
armario
تلویزیون
televisión
نغری
chimenea
flor
بالښت
almohadón
صوفه
sofá
ګلدانی
florero
ریموټ کنټرول
control remoto

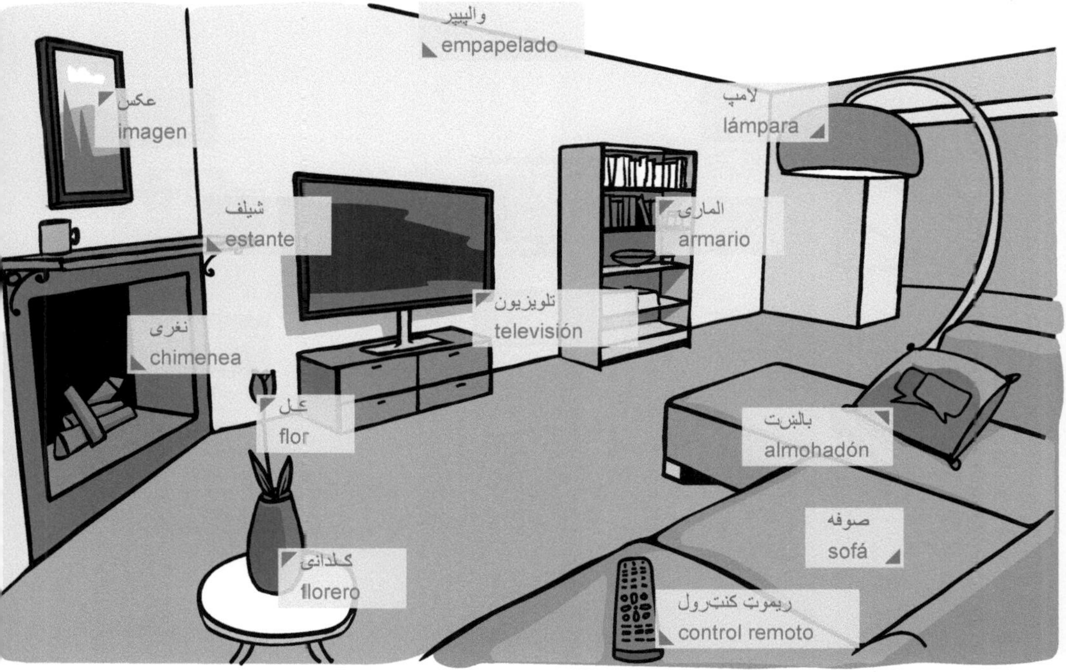

غالی

alfombra

پرده

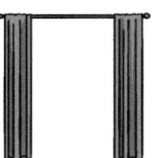

cortina

میز

mesa

چوکی

silla

تاویدونکي چوکی

mecedora

بازو لرونکی چوکی

sillón

کتاب

libro

کمپل

frazada

ډیکوریشن

decoración

د اور لرګي

leña

فلم

película

هایفای

equipo de música

کلي

llave

ورځپاڼه

diario

نقاشي

pintura

پوستر

póster

راډیو

radio

کتابچه

cuaderno

واکیوم جارو

aspiradora

کاکتوس

cactus

شمع

vela

پخلنځی
cocina

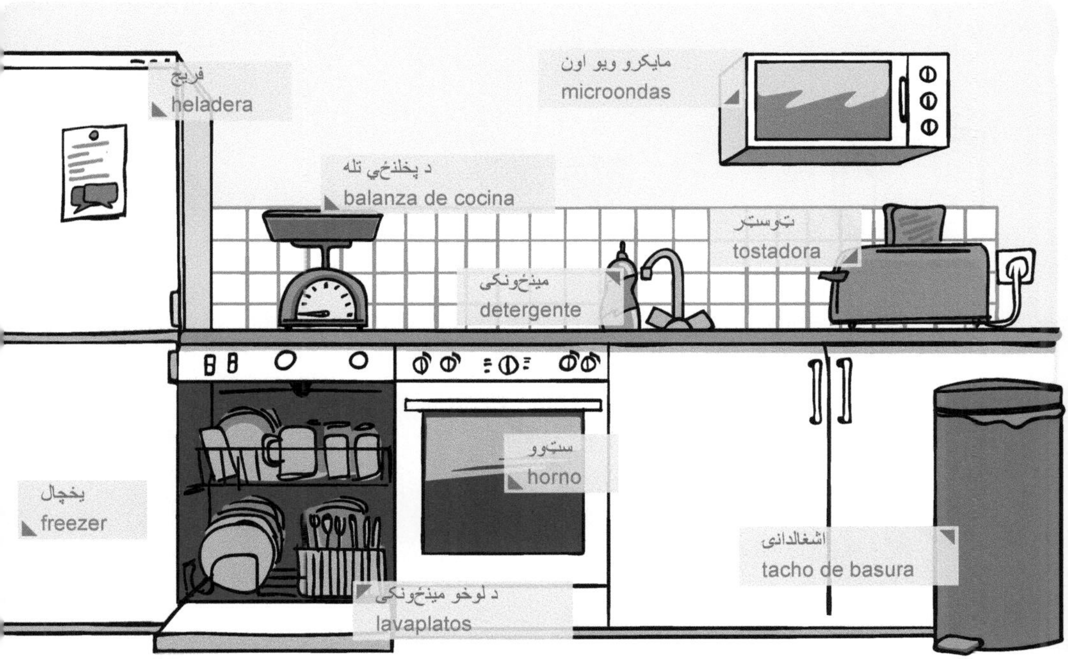

فریج
heladera
مایکرو ویو اون
microondas
د پخلنځي تله
balanza de cocina
توستر
tostadora
مینځونکی
detergente
سټوو
horno
یخچال
freezer
اشغالدانی
tacho de basura
د لوخو مینځونکی
lavaplatos

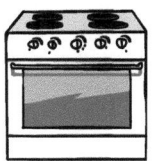

دیگ بخار

cocina

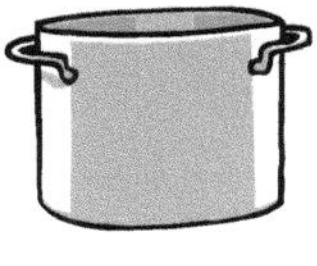

لوخی

olla

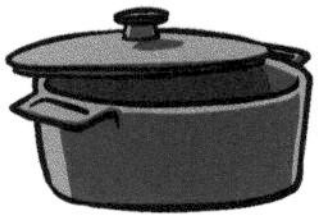

چدني لوخی

olla de hierro fundido

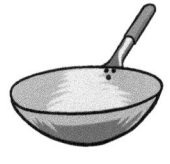

ووک

wok

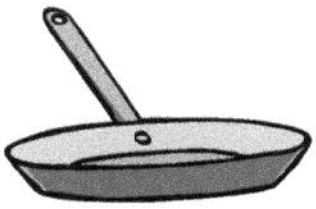

د تلي په

sartén

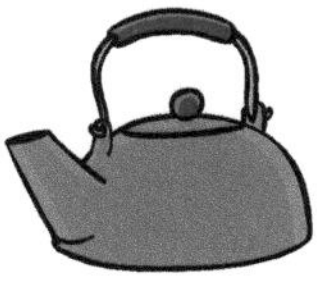

چای جوش

pava

د بخار دیگ

vaporera

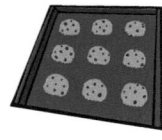

پتنوس

bandeja de horno

لوخي

vajilla

مګ

taza

کاسه

bol

د رانیولو اوزار

palitos

څمڅۍ

cucharón

کفګیر

estpátula

پاکونکی

batidora

صافي

colador

غلبیل

colador

ګریټر

rallador

اونګ

mortero

بار بي کیو

parrilla

خلاص اور

fogata

تخته

tabla de picar

هوارونکی

palo de amasar

کارک سکریو

sacacorchos

ټیم

lata

د ټیم خلاصونکی

abrelatas

د لوخي ټوټه

manopla

ظرف شوی

pileta

برس

cepillo

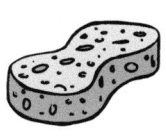

سپنج

esponja

بلیندر

batidora

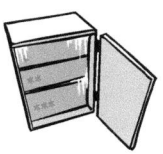

ژور یخچال

congelador

د ماشوم بوتل

mamadera

نل

canilla

حمام

baño

تودول
calefacción
جان پاک
toalla
شاور
ducha
د شاور پرده
cortina de ducha
baño de espuma
د حمام ټب
bañadera
vaso
د مينځلو مشين
lavarropas
نل
canilla
ټايلونه
baldosas
يو ډول کمود
pelela
ظرف شوی
pileta

تشناب

inodoro

فرشي کمود

letrina

کمود

bidé

د متيازو ځای

mingitorio

تشناب کاغذ

papel higiénico

د تشناب برس

cepillo para el inodoro

د غاښونو برس

cepillo de dientes

د غاښونو کريم

dentífrico

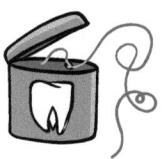

د غاښونو نخ

hilo dental

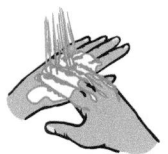

مينځل

lavar

لاسي شاور

ducha de mano

دوش

ducha higiénica

خانک

palangana

د شا برس

cepillo para espalda

صابون

jabón

د شاور ژل

gel de ducha

شامپو

shampoo

فلانل جامه

toallita

وچول

desagüe

کريم

crema

سپری

desodorante

آینه
....
espejo

لاسي آینه
....
espejito

ریزر
....
maquinita de afeitar

د خریلو فوم
....
espuma de afeitar

د خریلو وروسته
....
aftershave

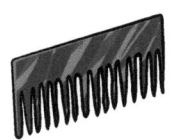

ګمنځ
....
peine

برس
....
cepillo

د ویښتانو وچونکی
....
secador de pelo

د ویښتانو سپری
....
spray

میک اپ
....
maquillaje

لیپ سټیک
....
lápiz de labios

د نوکانو پالش
....
esmalte para uñas

کاټن وړی
....
algodón

ناخن ګیر
....
tijera para uñas

عطر
....
perfume

40 حمام - baño

د مینځلو کڅوړه

....

portacosméticos

سټول

....

banqueta

د وزن کولو تله

....

balanza

د حمام پوښاک

....

bata

د ربړ دستکش

....

guantes de goma

ټامپون

....

tampón

صحیی جان پاک

....

toallita femenina

کیمیکل تشناب

....

baño químico

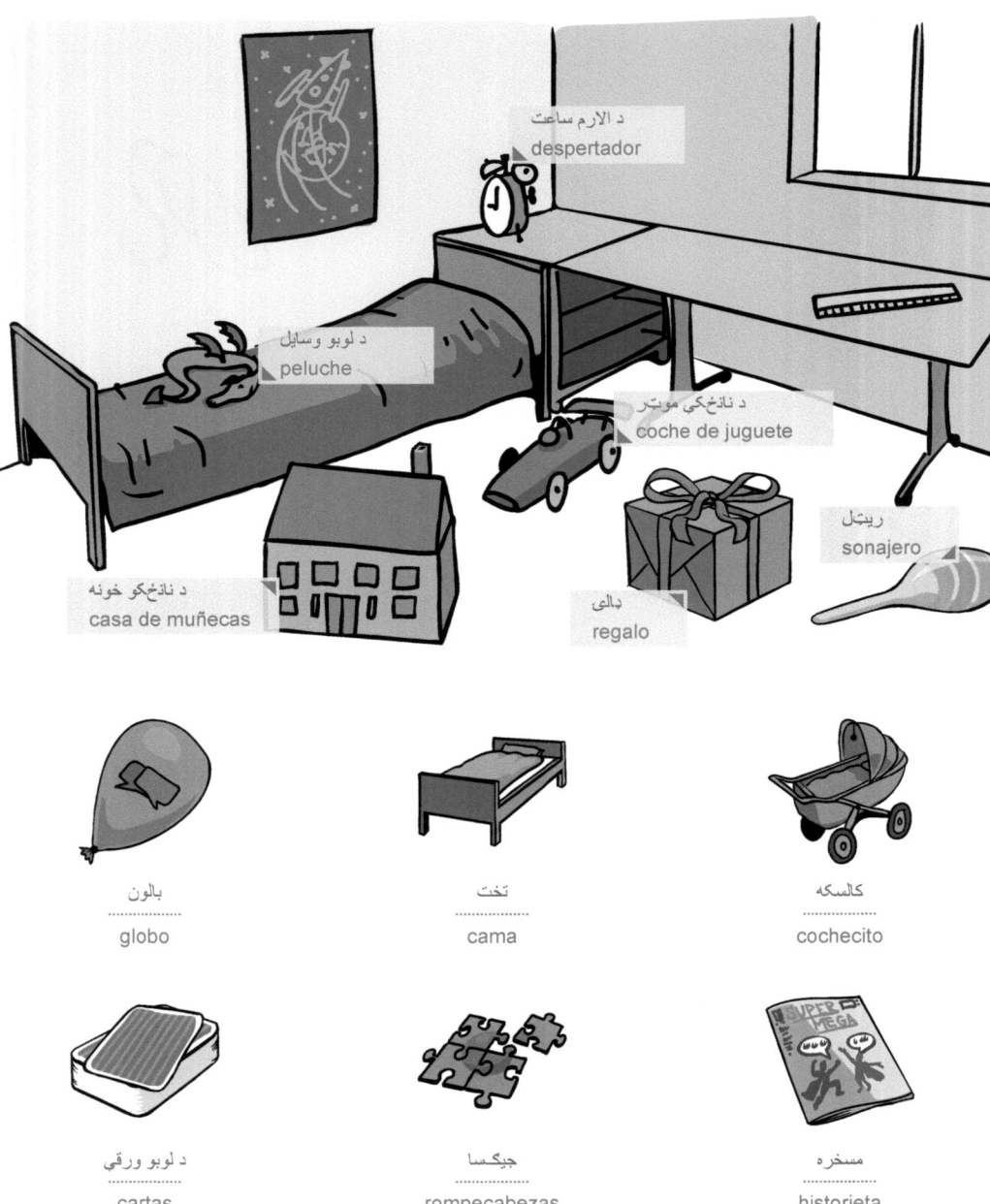

د ماشوم خونه
cuarto de los chicos

د الارم ساعت
despertador
د لوبو وسایل
peluche
د نانځکي موټر
coche de juguete
sonajero
د نانځکو خونه
casa de muñecas
ډالۍ
regalo

بالون

globo

تخت

cama

کالسکه

cochecito

د لوبو ورقې

cartas

جیګسا

rompecabezas

مسخره

historieta

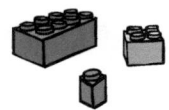

لیګو بریک

piezas de lego

د نانځکو بلاک

ladrillos de juguete

د اکشن فیګور

figura de acción

د ماشوم پوښاک

enterito (de bebé)

فریزبي

frisbee

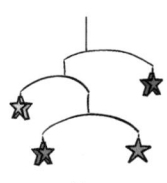

موبایل

móvil para bebés

بورډ لوبه

juego de mesa

تاس

dados

ماډل ریل سیټ

tren eléctrico

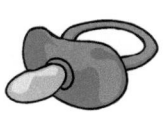

ګونګشی

chupete

پارټي

fiesta

د عکسونو البوم

libro de cuentos ilustrado

بال

pelota

نانځکه

muñeca

لوبیدل

jugar

د شګو کنده

arenero

سوینګ

hamaca

نانځکي

juguetes

د ویډیو لوبو کنسول

consola de videojuegos

ټرای سایکل

triciclo

ګوډکه

osito de peluche

د کالو الماری

armario

پوښاک

ropa

جرابي

medias

لوړي جرابي

medias panty

ټایټس

calzas

زروکی
bufanda

چتری
paraguas

کمربند
cinturón

تي شرت
remera

بوتان
botas

سلپر
pantuflas

سنیکر
zapatillas

سیندل
sandalias

بوتان
zapatos

د ربر بوتان
botas de goma

زیرنیکري
ropa interior

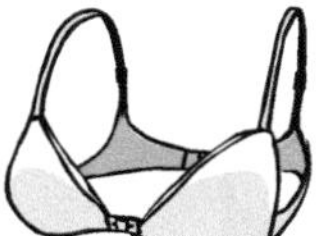

سینه بند
corpiño

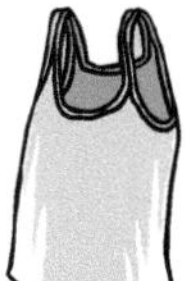

واسکت
chaleco

بادي

body

پتلون

pantalones

جينز

jeans

لمن

pollera

بلاوز

blusa

شرټ

camisa

بنيان

pulóver

سويټر

buzo

بليزر

blazer

جاکټ

campera

کوټ

tapado

د باران کوټ

piloto

پوښاک

traje

کالي

vestido

د واده پوښاک

vestido de novia

دریشي

traje

د شپې پوښاک

camisón

پاجامه

pijama

ساړي

sari

لوپټه

pañuelo para cabeza

پټکی

turbante

برقه

burka

کفتن

caftán

عبا

abaya

د لامبو پوښاک

traje de baño

نیکر

short de baño

شارټ

shorts

د ځغاستې پوښاک

jogging

پیش بند

delantal

دستکش

guantes

بټن

botón

عینک

anteojos

لاس بند

pulsera

غاړه کی

collar

ګوتمه

anillo

غوږوالی

aro

خولی

gorra

کوټ بند

percha

خولی

sombrero

ټایی

corbata

ځنځیر

cierre

هیلمیټ

casco

ترونکی

tiradores

د ښوونځي یونیفارم

uniforme escolar

یونیفارم

uniforme

بیب

babero

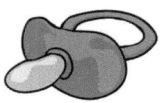

ګونګشی

chupete

نیپي

pañal

دفتر

oficina

سرور
servidor
د دوسیه الماری
archivero
پرینټر
impresora
ورق
papel
مانیټور
monitor
ماوس
mouse
ډیسک
escritorio
فولډر
carpeta
کي بورډ
teclado
اشغالدانی
tacho (de basura)
کمپیوټر
computadora
چوکی
silla

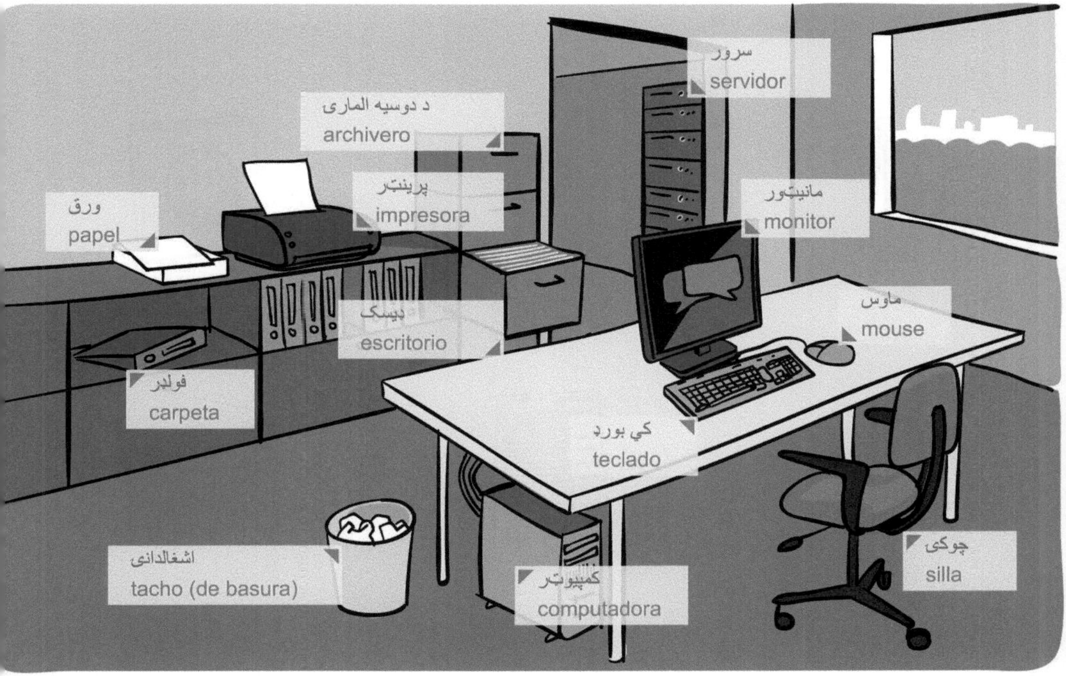

د کافي پیاله

taza de café

کالکولیټر

calculadora

انټرنیټ

internet

لپ ټاپ

laptop

لیک

carta

پیغام

mensaje

موبایل

celular

نیټورک

red

فوټوکاپیر

fotocopiadora

سافټویر

software

تلیفون

teléfono

پلک ساکټ

tomacorriente

فکس مشین

fax

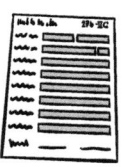

فارم

formulario

سند

documento

پيرل
comprar

تاديه کول
pagar

سوداګري کول
hacer negocios

پيسې
dinero

ډالر
dólar

يورو
euro

ين
yen

ربل
rublo

سويسي فرانک
franco suizo

رينمينبي يوان
yuan

روپۍ
rupia

د نغدي پيسو ځای
cajero automático

د اسعارو د تبادلي دفتر

casa de cambio

سره زر

oro

سپين زر

plata

تيل

petróleo

انرژي

energía

نرخ

precio

قرارداد

contrato

ماليه

impuesto

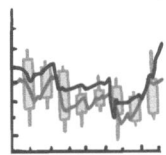

اسهام

acción

کار کول

trabajar

کارمند

empleado

کار گومارونکی

empleador

فابريکه

fábrica

پلورنځی

negocio

مسلکونه
ocupaciones

د پولیسو افسر
policía
د اطفایه غړی
bombero
آشپز
cocinero
médico
piloto

باغوان
jardinero

نجار
carpintero

خیاط
modista

قاضي
juez

کیمیا پوه
farmacéutico

د فلم لوبغاړی
actor

د بس ډرايور

colectivero

د ټيکسي ډرايور

taxista

کب نیونکی

pescador

خدمه

mucama

بام جوړونکی

techista

پیشخدمت

mozo

ښکاري

cazador

نقاش

pintor

نانوا

panadero

د برښنا کارکونکی

electricista

تعمیر جوړونکی

albañil

انجنیر

ingeniero

قصاب

carnicero

نلدوان

plomero

پوست رسونکی

cartero

سرتیری

soldado

مهندس

arquitecto

صراف

cajero

مالیار

florista

نایی

peluquero

کلینډر

cobrador

میکانیک

mecánico

کپتان

capitán

د غاښونو ډاکټر

dentista

ساینس پوه

científico

ښاغلی

rabino

امام

imán

مذهبي نفر

monje

پادري

sacerdote

لوازم
herramientas

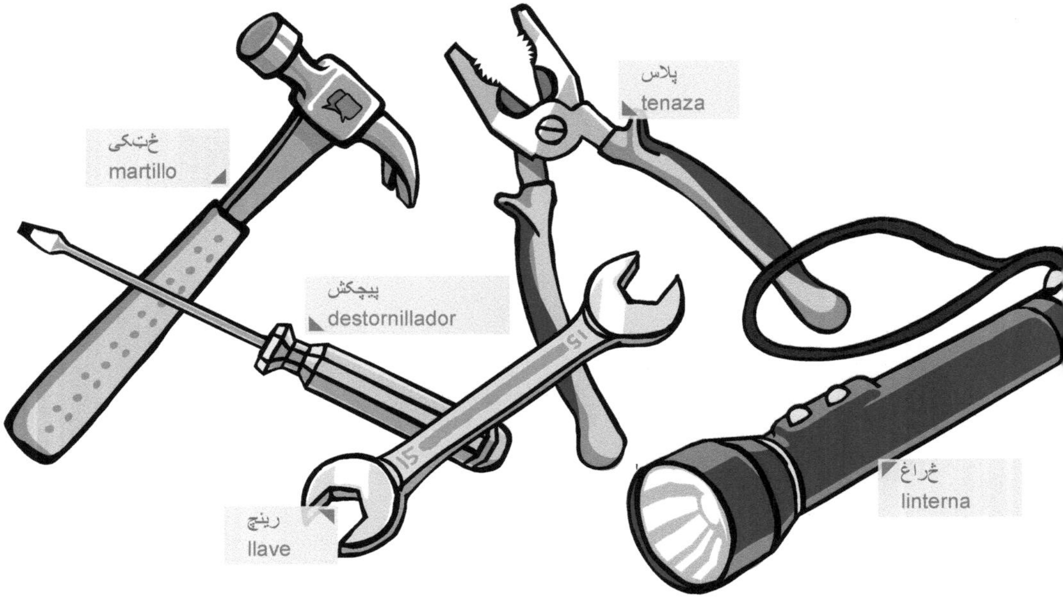

څټکی
martillo
پلاس
tenaza
پیچکش
destornillador
رینچ
llave
څراغ
linterna

کنستونکی

excavadora

د لوازمو بکس

caja de herramientas

زینه

escalera portátil

اره

sierra

میخونه

clavos

برمه

taladro

ترمیم کول

arreglar

بیل

pala de jardín

لعنت!

¡Qué bronca!

خاک انداز

pala de plástico

مشواړی

tacho de pintura

پیچونه

tornillos

د میوزیک آلات

instrumentos musicales

لاوډ سپیکر
parlante
درم سیټ
batería
contrabajo
ټرومپیټ
trompeta
guitarra

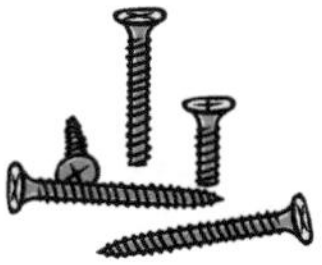

پیانو

piano

وایلن

violín

باس

bajo

نغاره

timbales

ډرمونه

tambor

کي بورډ

teclado

سیکسافون

saxofón

شپیلی

flauta

مایکروفون

micrófono

ژوبڼ

zoológico

ننوتو لاره
entrada
tigre
پنجره
jaula
ګوره خر
cebra
د ژويو خواړه
alimento para animales
پاندا
oso panda

ژوی
animales

هاتي
elefante

کنګرو
canguro

د اوبو اسپ
rinoceronte

ګوريلا
gorila

ايږه
oso

اوښ

camello

شترمرغ

avestruz

زمرۍ

león

بيزو

mono

غزی

flamenco

طوطي

loro

قطبي ايږه

oso polar

پينګوين

pingüino

شارک

tiburón

طاوس

pavo real

مار

serpiente

تمساح

cocodrilo

ژوبڼ ساتونکی

cuidador del zoológico

سيل

foca

جګوار

jaguar

یابو

poni

پړانګ

leopardo

هيپو

hipopótamo

زرافه

jirafa

باز

águila

نرخوک

jabalí

کب

pescado

شمشتۍ

tortuga

سمندري نولی

morsa

ګيدړه

zorro

هوسۍ

gacela

ورزش

deportes

امریکایی فټبال
fútbol americano
سایکل ځغلول
ciclismo
tenis
باسکیټبال
básquet
لامبو
natación
د کنګل هاکي
hockey sobre hielo
باکسینګ
boxeo

فټبال

fútbol

کسیزه

bádminton

د ځغاستي لوبې

atletismo

د هندبال

handball

سکي

esquí

پولو

polo

خندل
reír

تو پ وهل
saltar

غاړه ورکول
abrazar

کرخیدل
caminar

سندري ویل
cantar

خوب لیدل
soñar

عبادت کول
rezar

مچو کول
besar

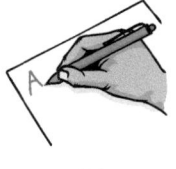

لیکل
escribir

کښل
dibujar

ښودل
mostrar

ټیله کول
presionar

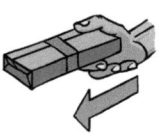

ورکول
dar

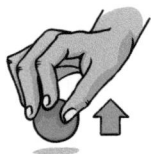

اخیستل
tomar

درلودل

tener

کول

hacer

پاییدل

ser

ودریدل

estar parado

منډې وهل

correr

راکښل

tirar

ګوزارل

tirar

لویدل

caer

څملاستل

estar acostado

انتظار کول

esperar

ورل

llevar

کښیناستل

estar sentado

پوښاک اغوستل

vestirse

ویده کیدل

dormir

پاڅیدل

despertar

کتل

mirar

ژړل

llorar

برید کول

acariciar

گـمنځ کول

peinar

خبرې کول

hablar

پو هیدل

entender

غوښتل

preguntar

اوریدل

escuchar

څښل

beber

خوړل

comer

پاکول

ordenar

مینه کول

amar

پخلی کول

cocinar

موټر چلول

manejar

الوتل

volar

بیړی چلول

navegar

حساب

calcular

لوستل

leer

زده کول

aprender

کار کول

trabajar

واده کول

casarse

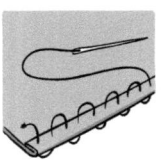

ګنډل

coser

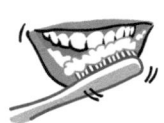

د غاښونو برس کول

cepillarse los dientes

وژل

matar

سګرټ څښل

fumar

لیږل

enviar

نیا
abuela

نیکه
abuelo

پلار
padre

مور
madre

ماشوم
bebé

لور
hija

زوی
hijo

میلمه
invitado

ترور
tía

کاکا/ماما
tío

ورور
hermano

خور
hermana

بدن

cuerpo

تندی
frente
سترګې
ojo
اوږه
hombro
ګوته
dedo
مخ
cara
زنه
pera
لاس
mano
پښه
pierna
سینه
pecho
مټ
brazo

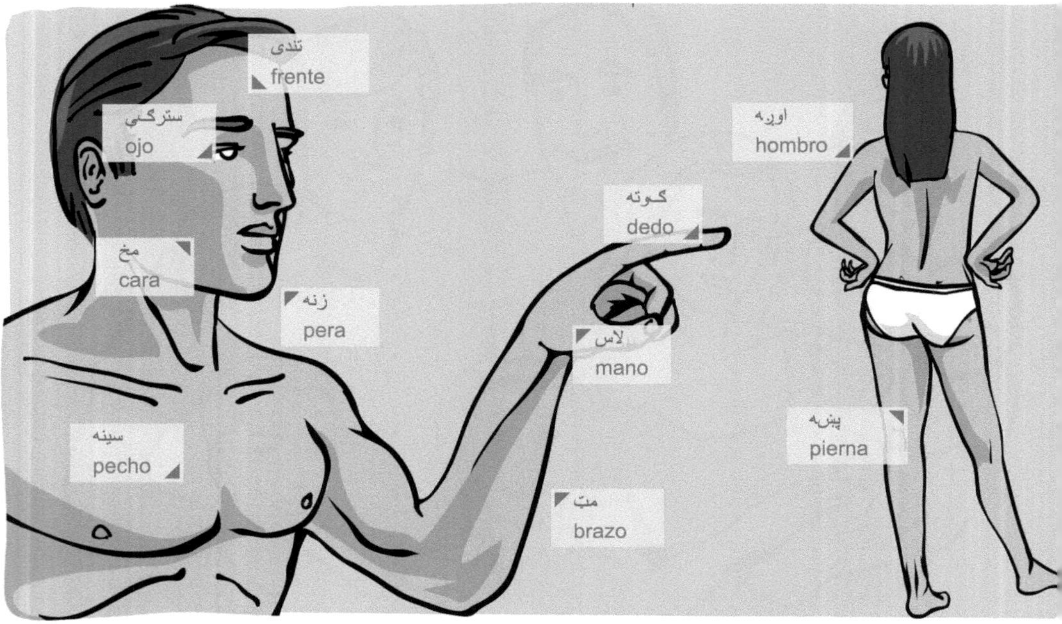

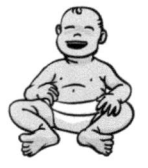

ماشوم

bebé

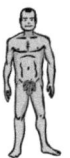

سړی

hombre

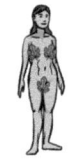

ښځه

mujer

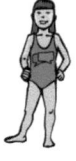

انجلۍ

nena

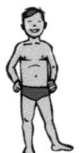

هلک

nene

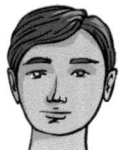

سر

cabeza

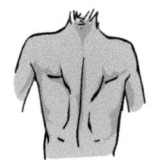

شا

espalda

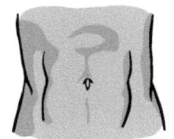

خېټه

panza

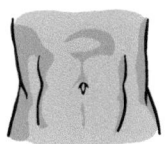

نوم

ombligo

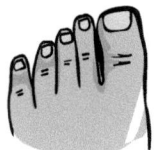

د پښې ګوته

dedo del pie

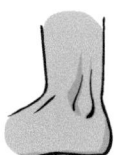

پونده

talón

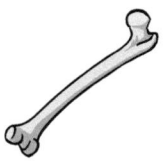

هډوکی

hueso

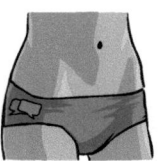

کوناټی

cadera

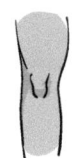

زنګون

rodilla

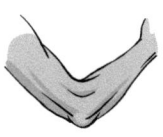

څنګل

codo

پوزه

nariz

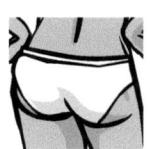

لاندي برخه

cola

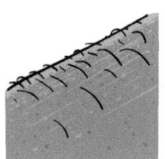

پوټکی

piel

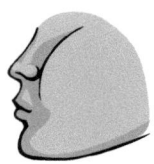

غومبوري

cachete

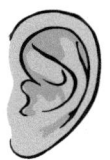

غوږ

oreja

شونډه

labio

خوله

boca

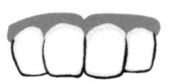

غاښ

diente

ژبه

lengua

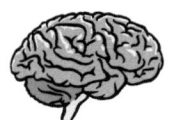

مغز

cerebro

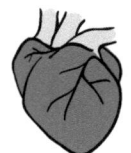

زړه

corazón

عضله

músculo

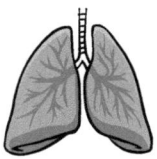

سږی

pulmón

ځيگر

hígado

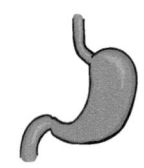

معده

estómago

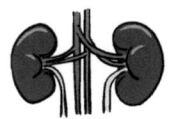

پښتورگي

riñones

جنسي نږدي والی

sexo

کاندوم

preservativo

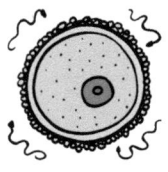

تخمه

óvulo

مني

semen

حمل

embarazo

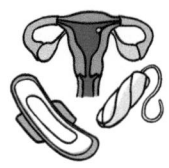

حیض
....
menstruación

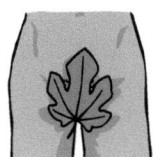

مهبل
....
vagina

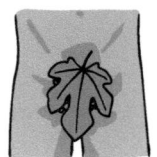

د نارینه تناسلي آله
....
pene

وروځی
....
ceja

ویښته
....
pelo

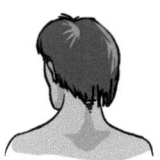

غاړه
....
cuello

روغتون
hospital

امبولانس
ambulancia
ويل چير
silla de ruedas
کسر
fractura

ډاکټر

médico

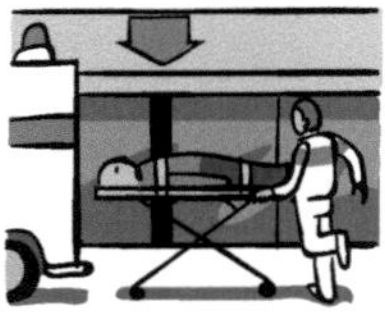

عاجل خونه

sala de guardia

رنځورپال

enfermera

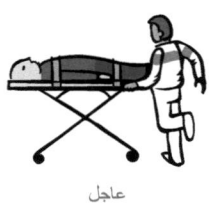

عاجل

emergencia

بې هوش

inconsciente

درد

dolor

ټپ

lesión

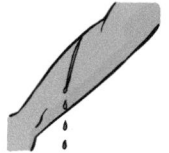

وينه تويدل

hemorragia

د زړه حمله

infarto

ضرب

ACV

حساسيت

alergia

ټوخی

tos

تبه

fiebre

انفلوينزا

gripe

نس ناستی

diarrea

سر درد

dolor de cabeza

سرطان

cáncer

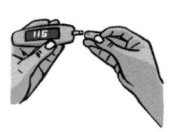

شکر

diabetes

جراح

cirujano

سکالپل

bisturí

عمليات

operación

سي.ټي

TC

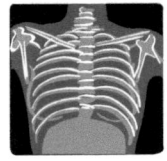

ایکس ری

rayos x

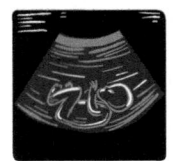

التراساوند

ecografía

د مخ ماسک

barbijo

ناروغي

enfermedad

انتظار خونه

sala de espera

امسا

muleta

پلستر

curita

بنداژ

venda

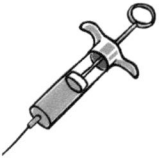

تزریق

inyección

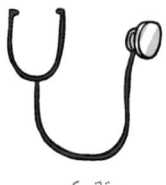

ستاتسکوپ

estetoscopio

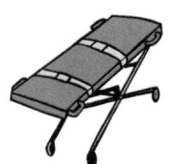

تسکیره

camilla

کلینکي ترماميټر

termómetro

زیږون

nacimiento

زیات وزن

sobrepeso

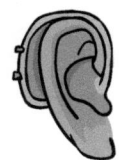

د اوريدو مرسته

audífono

د عفونيت ځخه پاکونکي مواد

desinfectante

عفونيت

infección

ويروس

virus

ايچ.آی.وی/ايدز

VIH / SIDA

درمل

remedio

واکسين

vacunación

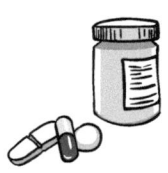

ټابليټس

comprimidos

ګولی

pastilla anticonceptiva

عاجل تليفون

llamada de emergencia

د ويني د فشار ځارونکی

tensiómetro

ناروغ/روغ

enfermo / sano

عاجل

emergencia

!مرسته

¡Ayuda!

الارم

alarma

یرغل

agresión

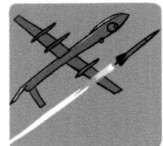

برید

ataque

خطر

peligro

عاجل لاره

salida de emergencia

!اور

¡Fuego!

د اور وژونکی

matafuego

پیښه

accidente

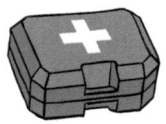

د لومړی مرستي لوازم

botiquín de primeros auxilios

ایس.او.ایس

SOS

پولیس

policía

Tierra

اروپا

Europa

شمالي امريکا

América del Norte

سهيلي امريکا

América del Sur

افريقا

África

آسيا

Asia

آسټريليا

Australia

اتلانتيک

Atlántico

پاسيفيک

Pacífico

د هند بحر

Océano Índico

جنوبي منجمد بحر

Océano Antártico

د شمال قطب بحر

Océano Ártico

شمالي قطب

polo norte

سهيلي قطب

polo sur

انتارکټيکا

Antártida

ځمکه

Tierra

ځمکه

tierra

بحر

mar

ټاپو

isla

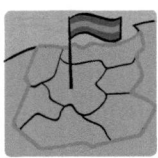

ملت

nación

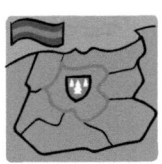

دولت

estado

ساعت

reloj

د مخي ساعت

esfera

د ساعت ستنه

manecilla de las horas

د دقیقي ستنه

minutero

د ثانیی ستنه

segundero

څه وخت دی؟

¿Qué hora es?

ورځ

día

وخت

hora

اوس

ahora

ډیجیټل ساعت

reloj digital

دقیقه

minuto

ساعت

hora

اونۍ
semana

دوشنبه
lunes
سه شنبه
martes
چهارشنبه
miércoles
پنجشنبه
jueves
جمعه
viernes
شنبه
sábado
SA
یکشنبه
domingo

پرون

ayer

نن

hoy

سبا

mañana

سهار

mañana

غرمه

mediodía

ماښام

tarde

کاري ورځې

días hábiles

د اونۍ پای

fin de semana

کال

año

باران
lluvia
رنګین کمان
arco iris
باد
viento
واوره
nieve
پسرلی
primavera
اوړی
verano
منی
otoño
ژمی
invierno

4.APRIL 11°
5.APRIL 4°
6.APRIL 13°
7.APRIL 8°
8.APRIL 10°

د موسم وړاندوینه

pronóstico meteorológico

C
0
10
0
-10

ترموميټر

termómetro

د لمر وړانګې

luz del sol

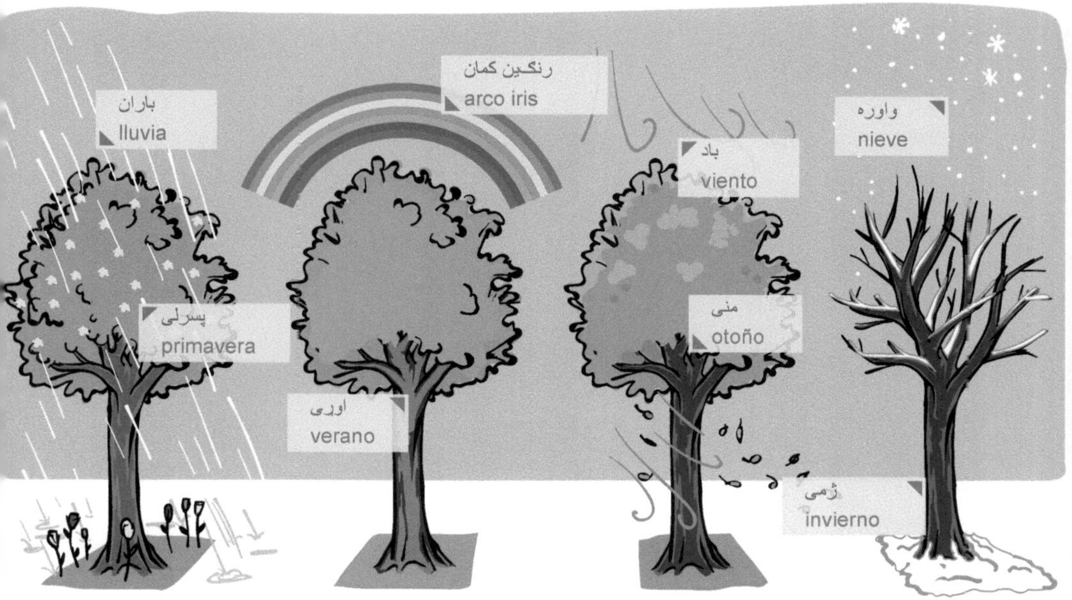

وريځ

nube

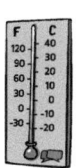

لړه

niebla

رطوبت

humedad

رڼا

rayo

تندر

trueno

توفان

tormenta

ږلی وریدل

granizo

مون سون باران

monzón

سیلاب

inundación

یخ

hielo

جنوري

enero

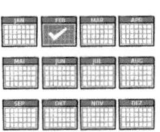

فبروري

febrero

مارچ

marzo

اپریل

abril

می

mayo

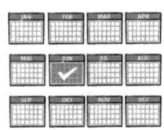

جون

junio

جولای

julio

اگست

agosto

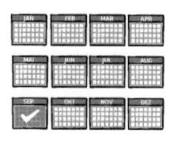

سپتمبر
....
septiembre

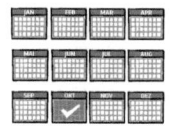

اكتوبر
....
octubre

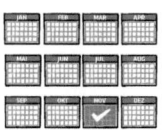

نومبر
....
noviembre

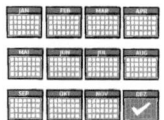

دسمبر
....
diciembre

شکلونه

formas

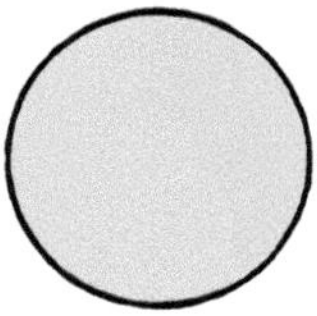

دايره
....
círculo

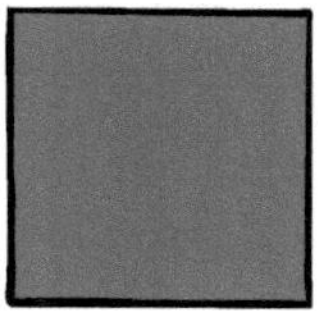

مربع
....
cuadrado

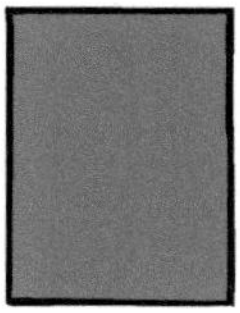

مستطيل
....
rectángulo

مثلث
....
triángulo

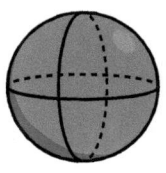

توپ
....
esfera

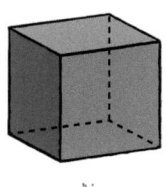

فال
....
cubo

رنګونه

colores

سپین

blanco

ژیړ

amarillo

نارنجي

naranja

ګلابي

rosa

سور

rojo

ارغواني

violeta

نیلي

azul

شین

verde

نسواري

marrón

خړ

gris

تور

negro

خورا ډیر/خورا لږ

mucho / poco

قار/ارام

enojado / tranquilo

ښکلې/بدشکله

lindo / feo

پیل/پای

principio / fin

لوی/کوچنی

grande / chico

روښانه/تیاره

claro / oscuro

ورور/خور

hermano / hermana

پاک/ککړ

limpio / sucio

مکمل/نامکمل

completo / incompleto

ورځ/شپه

día / noche

مړ/ژوندی

muerto / vivo

پراخه/نری

ancho / angosto

د خوراک وړ/نه خوړل کيدونکی

....

comestible / no comestible

بد/مهربان

....

malo / amable

پاريدلی/بې خونده

....

entusiasmado / aburrido

چاق/وچ

....

gordo / flaco

لومړی/وروستی

....

primero / último

ملګری/دښمن

....

amigo / enemigo

ډک/تش

....

lleno / vacío

سخت/نرم

....

duro / blando

دروند/سپک

....

pesado / liviano

لوږه/تنده

....

hambre / sed

ناروغ/روغ

....

enfermo / sano

غيرقانوني/قانوني

....

ilegal / legal

هوښيار/ساده

....

inteligente / estúpido

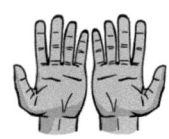

کيڼ/ښی

....

izquierda / derecha

نږدې/لرې

....

cerca / lejos

نوی/زوړ

nuevo / usado

هیڅ/یو څه

nada / algo

بډا/ځوان

viejo / joven

چالان/بند

encendido / apagado

خلاص/تړلی

abierto / cerrado

غلی/لوړ غږ

silencioso / ruidoso

بډایه/غریب

rico / pobre

صحیح/غلط

correcto / incorrecto

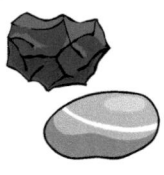

زیږ/ملایم

áspero / suave

خفه/خوښ

triste / contento

لنډ/اوږد

corto / largo

سست/ګړندی

lento / rápido

لوند/وچ

mojado / seco

ګرم/یخ

caliente / frío

جګړه/سوله

guerra / paz

números

0	1	2
صفر	يو	دوه
cero	uno	dos

3	4	5
دري	څلور	پنځه
tres	cuatro	cinco

6	7	8
شپږ	اوه	اته
seis	siete	ocho

9	10	11
نهه	لس	يولس
nueve	diez	once

12	13	14
دولس	ديارلس	ځوارلس
doce	trece	catorce
15	16	17
پنځلس	شپاړس	وولس
quince	dieciséis	diecisiete
18	19	20
اتلس	نولس	شل
dieciocho	diecinueve	veinte
100	1.000	1.000.000
سل	زر	ميليون
cien	mil	millón

ژبې
idiomas

انګلسي
....
inglés

امریکایی انګلسي
....
inglés americano

چینایی مندرین
....
chino mandarín

هندي
....
hindi

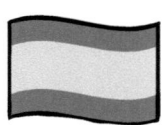

هسپانوي
....
español

فرانسوي
....
francés

عربي
....
árabe

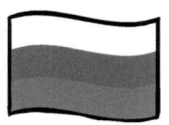

روسي
....
ruso

پرتګالي
....
portugués

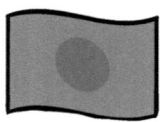

بنګالي
....
bengalí

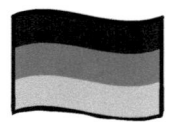

آلماني
....
alemán

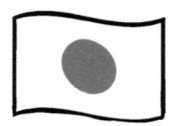

جاپاني
....
japonés

زه

yo

ته

vos

هغه/دغه/دا

él / ella

موږ

nosotros

تاسې

ustedes

دوی/هغوی

ellos

څوک؟

¿quién?

څه؟

¿qué?

څنګه؟

¿cómo?

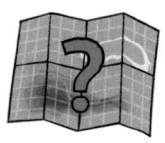

چیرې؟

¿dónde?

کله؟

¿cuándo?

نوم

nombre

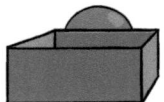

dónde

شاته

detrás

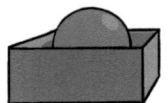

په

en

په مخه کې

adelante de

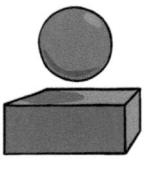

باندې

por encima de

په

sobre

لاندې

debajo de

برسیره پر

al lado de

ترمینځ

entre

ځای

lugar